TIMOTHY J. GEDDERT

Gott spricht durch die Bibel

Warum hören wir so unterschiedlich?

NEUFELD VERLAG

Diese Broschüre ist ein Auszug aus dem Buch:
Verantwortlich leben – Wenn Christen sich entscheiden müssen, Neufeld, Schwarzenfeld ^{2}2007
ISBN 978-3-937896-49-6, Bestell-Nummer 588 649

Die Deutsche Bibliothek verzeichnet diese Publikation in der Deutschen Nationalbibliografie; detaillierte bibliografische Daten sind im Internet über http://dnb.ddb.de abrufbar

ISBN 978-3-937896-46-5, Bestell-Nummer 588 646
Cover-Konzept: spoon design, Olaf Johannson
Umschlaggestaltung: Simone Hark-Schmidt, Offenbach, www.gestaltung-shs.de

In Kooperation mit dem Bibellesebund e. V., Marienheide
ISBN 978-3-87982-255-3, Bestell-Nummer 31 26
Umschlaggestaltung: Thomas Georg, Münster, www.georg-design.de

Satz: David Neufeld, Schwarzenfeld
Herstellung: Fuldaer Verlagsanstalt GmbH & Co. KG, Fulda

www.neufeld-verlag.de

07 08 09 10 10 9 8 7 6 5 4 3 2 1

NEUFELD VERLAG

Die besten Bibelausleger liegen bezüglich der »richtigen« Auslegung von Bibeltexten zum Beispiel beim Thema Ehescheidung Welten auseinander. Jeder Einzelne und jedes Paar, das für seine eigene Ehe- oder Scheidungssituation Rat sucht, findet relativ leicht eine Gemeinde, ein Buch oder einen Pastor, die das vertreten, was sie selbst glauben wollen. Fast jede nur erdenkliche Position kann mit Bibelstellen untermauert werden ...

In dieser Broschüre will ich darstellen, wie ich selbst mit der Bibel umgehe. Nicht alle Meinungen über die Bibel, die fromm klingen, sind hilfreich, um aus der Bibel Wegweisung zu gewinnen. Aber welche Haltungen in Bezug auf das Wesen der Bibel helfen? Was für ein Buch ist sie überhaupt? Welche Ziele, welche Schritte können uns voranbringen?

Gemeinden, Hauskreise oder andere Gruppen sind eingeladen, nach der Lektüre zu diskutieren:

- Wo stimmen wir zu? Wo sind wir eher skeptisch?
- Welche vorgeschlagenen Überlegungen und Schritte helfen uns weiter?
- Wo haben wir erlebt, dass der Heilige Geist uns bei der Suche nach biblischer Wahrheit geholfen hat?

Falls Sie dann neugierig werden, wie das alles bei heiklen ethischen Themen aussieht, dann widmen Sie sich dem Buch *Verantwortlich leben:* Das erste Kapitel haben Sie dann schon gelesen!

Tim Geddert

Der Mittelweg

Es gibt Gemeinden, die die christlichen Traditionen der Vergangenheit relativ unkritisch über den Haufen werfen. Dabei passen sie sich all zu schnell der heutigen Kultur an. Die Bibel wird zwar zitiert, wenn sie heutige Einstellungen und Trends zu unterstützen scheint, aber stillschweigend zur Seite gelegt, wenn das nicht der Fall ist. Richtschnur für Glauben und Leben ist sie damit nicht.

Es gibt aber auch Gemeinden, die der Gefahr auf der anderen Seite erliegen. Sie halten die Traditionen ihrer kirchlichen Vergangenheit relativ unkritisch aufrecht, manchmal auf Kosten von Relevanz und Konsequenz. Manches wird als unumstößliche biblische Wahrheit und Wegweisung angesehen, was eigentlich Tradition ist oder früher einmal in einer bestimmten Situation eine angemessene Anwendung der biblischen Lehre war. Wenn wir Traditionen aufrechterhalten, ohne die Bibel heute zu befragen, dann ist sie auch nicht unsere Richtschnur.

Es geht also darum, den Mittelweg zu finden. Paulus empfiehlt: »Prüft alles, und behaltet das Gute!« (1. Thessalonicher 5,21). Und das ist tatsächlich der bessere Weg. Weder die heutige Kultur noch die Traditionen der Vergangenheit dürfen zum Maßstab werden. Maßstab ist die Bibel, und wenn wir sie angemessen betrachten, vermittelt sie uns Wegweisungen fürs Leben.

+ Abschnitt Cottrell

»Sola Scriptura«: Allein die Schrift

Gerade dieser Mittelweg ist manchmal aber ein schwerer Weg. Denn er bedeutet, mit der Bibel in der Hand sowohl die heutige Kultur als auch die kirchlichen Traditionen der Vergangenheit kritisch zu hinterfragen. Das ist gar nicht so einfach, denn von alleine beantwortet die Bibel unsere Fragen nicht. Der reformatorische Grundsatz Martin Luthers *Sola Scriptura* (allein die Schrift) bedeutet nicht, dass die Bibel automatisch alles von selbst erledigt.

Wir müssen unsere Richtlinien in der Bibel suchen und finden. Und dafür brauchen wir nicht nur Wissen über die Bibel, nicht nur eine gute Konkordanz oder die Bereitschaft, biblische Aussagen anzunehmen, sondern wir brauchen auch die richtige Einstellung zur Bibel. Wir benötigen eine gute Herangehensweise an die Bibel, brauchen die Bereitschaft, miteinander und voneinander zu lernen, wie sie richtig ausgelegt und angewendet werden soll – und das alles, obwohl wir die Bibel manchmal sehr unterschiedlich verstehen. Unterschiedlich vor allem deswegen, weil wir uns nicht einig sind, wem eine Bibelstelle gilt und wie sie heute in die Praxis umgesetzt werden soll.

Die Bibel ist nämlich nicht völlig »zeitlos« und situationsunabhängig zu verstehen. Gott ist ein Gott der Geschichte, der in konkrete Situationen hinein geredet hat und immer wieder redet. Die Aussagen der Bibel sind also nicht immer direkt und in allen

Situationen gleichermaßen anwendbar, schon gar nicht ohne Auslegung.

Die Verheißungen zum Beispiel wurden häufig in konkrete Situationen hinein gesprochen. Es wäre ein großer Fehler, alle Verheißungen der Bibel so zu verstehen, als wäre immer *ich selbst* gemeint. Als Gott zu Abraham und Sarah oder auch zu Zacharias und Elisabeth sagte: »Ihr werdet in eurem hohen Alter einen Sohn bekommen«, meinte er damit nicht, dass auch ich und meine Frau diese Verheißung in Anspruch nehmen sollten, oder? Sie galt *nicht uns,* sondern bestimmten Menschen damals.

Als Jesus sagte: »Macht euch nicht im Voraus Sorgen, was ihr sagen sollt; sondern was euch in jener Stunde eingegeben wird, das sagt!« (Markus 13,11), meinte er damit nicht, dass sich Prediger nicht für ihren Dienst vorbereiten sollten. Es war ein Wort für die verfolgten Apostel, die vor Gericht gezerrt würden und sich gar nicht darauf vorbereiten *können* würden. Das ist uns zwar klar, aber viele Menschen meinen trotzdem: Wer der Bibel treu sein will, der muss glauben, dass ihr gesamter Inhalt direkt angewendet werden kann und muss – auf alle Menschen, in allen Situationen. So mancher meint, dass die Aussagen der Bibel nie und nimmer anlassbezogen oder situationsbedingt sind. Es ist aber so, zumindest in vielen Fällen. Dazu später mehr.

Was für Verheißungen in der Bibel gilt, das gilt auch für Aufforderungen und Befehle. Als Jesus zu den Aposteln sagte: »Nehmt nichts mit auf den Weg, keinen Wanderstab und keine Vorratstasche, kein Brot, kein Geld und kein zweites Hemd« (Lukas 9,3), meinte er ganz konkret diese Apostel auf der ihnen bevorstehenden Missionsreise – und nicht alle Menschen in allen Zeiten, die irgendwelche Reisen unternehmen!

Natürlich gibt es ebenso auch *zeitlose* und *situationsübergreifende* Verheißungen und Aufforderungen, die die Schrift uns direkt vermittelt. Wir sollten zum Beispiel nicht behaupten, wir seien nicht gemeint, wenn Jesus zu seinen Jüngern sagt: »Wenn ihr beten wollt und ihr habt einem anderen etwas vorzuwerfen, dann vergebt ihm, damit auch euer Vater im Himmel euch eure Verfehlungen vergibt« (Markus 11,25). Wir sollten nicht behaupten, wir seien nicht gemeint, wenn Paulus einer Gemeinde sagt: »Ahmt Gott nach als seine geliebten Kinder, und liebt einander, weil auch Christus uns geliebt und sich für uns hingegeben hat« (Epheser 5,1/2). Und was Verheißungen angeht, so dürfen wir zwar die Verheißung für uns in Anspruch nehmen, als Gott zu Josua spricht: »Ich lasse dich nicht fallen und verlasse dich nicht. Sei mutig und stark!« (Josua 1,5/6 a). Doch was Gott im Anschluss daran sagt, ist *nicht* für uns gemeint: »Denn du sollst diesem Volk das Land zum Besitz geben« (Josua 1,6 b). Damit hat Gott nicht uns gemeint. Da geht es um das *damalige* Israel und das *damals* ihm verheißene Land.

Und genau das ist nun der Punkt, an dem wir in Schwierigkeiten kommen. Woher wissen wir, wann die Bibel uns direkt ansprechen will und wann wir nicht gemeint sind? Wie können wir herausfinden, ob wir die großen Verheißungen von damals ganz persönlich für uns in Anspruch nehmen dürfen oder ob sie nur für eine bestimmte Situation gemeint waren? Sagt Gott auch uns, wir sollen alles verkaufen und den Armen geben, oder hat Jesus das nur dem »reichen Jüngling« gesagt (Markus 10,21)? Ist das Gebet in unbekannten Sprachen eine Gabe für uns heute oder galt es nur den ersten Christen? Sollen Frauen bei uns Kopftücher tragen, oder hat Paulus das nur in die damalige kulturelle Situation hinein gesagt? Gelten die Einschränkungen für den Dienst von Frauen in der Gemeinde heute noch genauso?

Viele Menschen behaupten, die Bibel sei grundsätzlich wörtlich zu nehmen: Wir sollten alle Verheißungen auch für uns in Anspruch nehmen, alle Gebote und Verbote so verstehen, als seien immer auch wir gemeint, und zwar unter allen Umständen. Aber dieser Ansatz, so gut er klingt und so gut wir es damit auch meinen, hilft uns weniger, als wir uns wünschten. Ich kenne niemanden, der dieses Prinzip auch nur annähernd konsequent in die Praxis umsetzt. Jeder ist spätestens an dem Punkt inkonsequent, wo das Prinzip zu unmöglichen Schlussfolgerungen führen würde. Und das ist auch gut so, denn dieses Prinzip reicht nicht aus, um die Bibel richtig zu verstehen.

Einfache Wege sind zwar verlockend, aber zum einen funktionieren sie letzten Endes doch nicht und vor allem ignorieren sie das Wesen der Bibel selbst – das Wesen der Bücher und Briefe, die in ganz konkrete Situationen hinein geschrieben wurden und dann auch an uns als Wegweisung fürs Leben weitergegeben wurden. Letztendlich *scheinen* die »einfacheren« Wege nur einfacher zu sein. Wenn wir in der Gemeinde einen Konsens suchen wollen, dann kommen wir nicht sehr weit, wenn jeder ziemlich willkürlich entscheidet, was er wörtlich nimmt. Ich will daher einige Überlegungen anbieten, die uns helfen könnten, die Bibel etwas differenzierter zu betrachten.

Bibeltreue – vier Aspekte

Wir wollen »bibeltreu« sein. Das kann jedoch nicht bedeuten, dass wir immer genau das täten, was im Text steht. Was heißt es aber dann, der Bibel zu vertrauen und sie zu befolgen?

1. Wir setzen unser Vertrauen in Gottes Wort. Wenn kritische Wissenschaftler behaupten, besser als die biblischen Autoren zu wissen, was alles in der Geschichte geschah, dann sagen wir: »Nein.« Wissenschaftler ändern immer wieder ihre Theorien; das Wort Gottes bleibt bestehen.

2. Wir suchen in der Bibel »den Weg, die Wahrheit und das Leben.« Und wir finden ihn darin tatsächlich, denn es ist Jesus selbst. Jesus sagte zu den Menschen, die ihn ablehnten: »Ihr erforscht die Schriften, weil ihr meint, in ihnen das ewige Leben zu haben; gerade sie legen Zeugnis über mich ab. Und doch wollt ihr nicht zu mir kommen, um das Leben zu haben« (Johannes 5,39/40). Wir sind ein Volk des Buches, wenn wir nicht die Bibel selbst zu unserem Mittelpunkt machen, sondern den, den sie verkündigt: Jesus Christus. Wenn dieses Buch an die Stelle von Jesus selbst tritt, dann sind wir nicht wirklich ein Volk des Buches, weil wir dann andere Prioritäten setzen als die Bibel selbst.

3. Wir prüfen alle Behauptungen anhand der Bibel. Behauptet jemand, eine neue Erkenntnis zu haben, dann suchen wir in den Schriften, ob sie diese Erkenntnis unterstützen. Will jemand Traditionen in Frage stellen, dann sehen wir in die Bibel. Meint jemand, Gottes Reden gehört zu haben – beim Bibellesen, im Gebet oder durch ein prophetisches Wort –, dann nehmen wir die Bibel zur Hand und sehen nach, ob das Gehörte dem entspricht, was sie lehrt. Aber natürlich prüfen wir nicht nur die Behauptungen *anderer* anhand der Bibel, sondern auch *unsere eigenen!* Letztendlich sind wir am allerwenigsten ein Volk des Buches, wenn jeder in der Bibel nur Beweise für seine Überzeugungen sucht. Wenn die Bibel meine eigenen Meinungen nicht mehr in Frage stellen darf, dann habe ich sie bereits außer Kraft gesetzt.

4. Uns ist wichtig, was der Bibel wichtig ist. Wir streiten uns schnell über Kleinigkeiten und ignorieren dabei oft die wichtigsten Dinge. Immer wieder kritisierte Jesus diejenigen, die zu gewissenhaft detaillierte Regeln befolgten, aber dann ignorierten, was Gott am wichtigsten war. Zur Zeit Jesu hieß das, zwar den Zehnten von Minze, Dill und Kümmel zu bezahlen, aber das Wichtigste im Gesetz außer acht zu lassen – nämlich Gerechtigkeit, Barmherzigkeit und Treue (Matthäus 23,23). In unserer Zeit heißt es unter anderem, dass wir uns daran stören, wenn jemand eine Bibelstelle anders auslegt als wir, und dabei vergessen, dass die Einheit der Gemeinde viel wichtiger ist als die Durchsetzung von Standpunkten.

Mit der Bibel umgehen – vier Ziele

Wir wollen der Bibel Richtlinien fürs Leben entnehmen, das ist klar. Wie genau das funktioniert, ist leider weniger klar. Hier einige meiner eigenen Prioritäten für den Umgang mit der Bibel.

1. Ich will Texte sprechen lassen, und sie nicht nur benutzen, um Gesamttheorien zu konstruieren. Ich bin davon überzeugt, dass Gottes Geist uns formt, wenn wir die Bibel auf uns wirken lassen. Wir hören zu, wir begreifen, was ein Text vermitteln will, wir lassen uns ansprechen. Das Ziel ist, die Herausforderungen und Einladungen des Textes zu verinnerlichen, uns vom Wort Gottes durchdringen zu lassen, damit es in uns weiterleben und uns in konkreten Situationen leiten kann. Der Bibelausleger Walter Brueggemann redet davon, dass die biblischen Texte die Grundlage unseres Vorstellungsvermögens bilden. Das ist das Ziel. Wir suchen nicht ein Gesamtbild, nicht die »einzig richtige Position«, die durch das Harmonisieren aller aus dem Text entwickelten Prinzipien formuliert würde.

2. *Ich will biblische Vorgehensweisen, nicht einfach nur Antworten suchen.* Jeder will Antworten haben. Ist Scheidung erlaubt? Ist vorehelicher Geschlechtsverkehr Sünde? Wäre es richtig oder falsch, mein Geld da und dort zu investieren? Viel mehr als einfache Antworten finden wir in der Bibel Hilfestellungen, verantwortlich mit unseren Fragen umzugehen. Wir finden Anweisungen, welche Haltungen notwendig sind, um einen Konsens zu finden. Wir werden ermutigt, auf Gottes Geist, auf sein Wort und aufeinander zu hören, um Antworten zu finden, die Gottes Zustimmung erhalten. Klare Antworten finden wir zwar auch – aber nur manchmal.

3. *Ich will bei ethischen Themen Gottes Absichten und nicht nur geltende Vorschriften entdecken.* »Was hat euch Mose vorgeschrieben?« fragte Jesus einmal. Als die Pharisäer anfingen, eine Bibelstelle zu zitieren, unterbrach er sie: »Falsche Stelle!« Gottes ursprüngliche Absicht war eine andere als die in

ihrem bevorzugten Text zitierte (siehe Markus 10,2–9). Wenn wir die Antworten auf konkrete Fragen an den »falschen« biblischen Stellen suchen, dann ist das *nicht* biblisch, selbst wenn wir Kapitel und Vers nennen. Manche würden am Ende ihres Bibelstudiums gerne »die geltenden Vorschriften« aufstellen, damit alles ein für allemal geregelt ist. Doch wenn wir uns auf Gottes Absichten und nicht auf Regeln konzentrieren, finden wir ein gutes Gleichgewicht von Normen und Freiheit.

4. Ich will die Vielfalt der Bibel und die des Lebens wahrnehmen. Die Bibel ist deswegen vielfältig, weil das Leben vielfältig ist. Gott bleibt in allen Situationen gnädig, liebevoll und treu. Oft handelt er aber in unterschiedlichen Situationen unterschiedlich. Und auch darin ist er ein Vorbild für uns. Wir sind keine »Fälle«, wir sind Menschen. Die Bibel lässt uns Themen häufig aus verschiedenen Gesichtspunkten betrachten. Und das hilft uns, Gottes Wege zu finden, wenn wir versuchen, Menschen in ihren jeweiligen Situationen zu begleiten. Wir lassen die Vielfalt der Bibel stehen und vertrauen darauf, dass Gottes Geist und die christliche Gemeinschaft uns helfen, in konkreten Situationen zu beurteilen, welche biblischen Bilder und Botschaften unser Handeln bestimmen sollen. Ohne Richtlinien kommen wir nicht aus. Aber Menschen ohne Rücksicht auf ihre aktuelle Lebenssituation in vorgefertigte Formen zu pressen, das ist nicht der biblische Weg, ist nicht im Sinne Jesu.

Die Rollen der Bibel – vier Bilder

Um die Bibel zu verstehen, ist es außerdem hilfreich, zu fragen, wie sie eigentlich »funktioniert«. Sie funktioniert nämlich vielschichtig und nicht an allen Stellen gleich.

1. Ein Fenster: Die Bibel offenbart, was Gott in der Geschichte tat. Die Texte der Bibel zeigen uns, was Gott alles zustande brachte und wie er sein Volk durch die Jahrhunderte begleitete und führte. Wenn wir *durch die Bibeltexte hindurch* sehen, dann entdecken wir dahinter Geschichte. Wir beobachten, wie Menschen lebten, wie Gott mit ihnen umging, wie Jesus war. Wir sehen, wie der Heilige Geist die Urgemeinde führte, wie Paulus Gemeinden lehrte. Manches, was sie damals taten, ist auch eine Verpflichtung für uns. Wir können von ihnen lernen. So wird die Bibel zu einem Fenster: Durch dieses Fenster wird sichtbar, was dahinter liegt. Und so kann die biblische Geschichte auch unsere Geschichte werden.

2. Eine Ahnengalerie: Die Bibel zeigt uns positive und negative Vorbilder. Die Menschen in der Bibel sind nicht nur geschichtliche Persönlichkeiten, sondern auch literarische Charaktere. Wir sehen also auch *in die Bibel hinein,* nicht nur durch sie hindurch, um die von den Autoren gezeichneten Porträts zu entdecken. Da kommen viele Bilder zum Vorschein, gute und schlechte. Welche davon sind nachahmenswert? Was ist das Vorbildliche dabei, und was ist zum Beispiel auf die jeweilige Kultur bezogen? So betrachtet, wird die Bibel auch zu einer Ahnengalerie. Wir begegnen vielen verschiedenen Charakteren, von denen wir eine Menge lernen können – übrigens genauso wie von den Autoren, die diese Figuren so lebendig gestalteten.

3. Ein Spiegel: Die Bibel zeigt mir, wie ich bin. Manchmal offenbart mir der Text nicht nur Geschichte oder Typen, sondern mich selbst. Ich erkenne mich darin wieder. Ja, genau so bin ich. Gerade das brauche ich. Diese Frage habe ich auch. Und so wird die Bibel *zu einem Spiegel.* Wenn ich einem Bibeltext erlaube, mir die inneren Bedürfnisse und Einstellungen meines Lebens zu zeigen, dann spricht er mir Gottes Hilfe und Führung zu.

4. Eine Brille: Die Bibel hilft mir, schärfer zu sehen. Manchmal hilft mir ein Text nicht, indem er mir etwas zeigt, sondern indem er *meine Sehfähigkeit verbessert.* Er stattet mich mit einer Brille aus, damit ich die Welt so sehen kann, wie Gott sie sieht. Mit Hilfe dieser Brille kann ich mein Leben und das anderer mit Gottes Augen sehen. Manchmal genügt das schon, um zu erkennen, wie ich mich verhalten soll.

Von den Texten zu unserem Handeln – vier Schritte

Richard B. Hays schlägt in seinem sehr hilfreichen Buch *The Moral Vision of the New Testament*

(Harper, San Francisco/USA 1996) vier Schritte vor, die uns helfen, bei der Suche nach ethischen Entscheidungen und Richtlinien biblisch zu denken.

1. Zuerst die *Beschreibung:* Was sagen die Texte der Bibel? Wie legen wir sie richtig aus? Welche Vielfalt entdecken wir in ihnen? Welche Gemeinsamkeiten sind vorhanden?

2. Dann die *Synthese:* Wie passen die verschiedenen Beiträge der Bibel zum Zeugnis der ganzen Bibel? Wie helfen uns dabei die wichtigsten »Linsen«, die theologischen Gesichtspunkte der Bibel (für Hays sind das »Gemeinschaft«, »Kreuz« und »Neuschöpfung«)?

3. Desweiteren die *Hermeneutik* (Verstehenslehre): Was erhalten wir zum jeweiligen Thema aus der Bibel: Gesetze? Prinzipien? Ein Paradigma (Denkmuster, ein Weltbild)? Wie bauen wir die Brücke zu unserer Welt und unserer Situation? Wie helfen uns dabei menschliche Vernunft, Erfahrungen, Traditionen?

4. Und zuletzt das *Handeln:* Wie lebt Jesu Kontrastgesellschaft mitten in einer Welt, die nach anderen Maßstäben lebt? Wie wird die biblische Ethik sichtbar und konkret in den Herausforderungen unseres Lebens? (Richard B. Hays behandelt anschließend ausführlich fünf konkrete ethische Themen.)

Wir müssen natürlich nicht immer genau diese vier Schritte gehen, die Hays beschreibt, um Einsichten zu gewinnen. Dennoch sind die dahinter liegenden Überlegungen sehr wertvoll, wenn wir biblische Hilfe suchen.

Auslegung und Anwendung

Manche Bibelausleger (zum Beispiel Gordon Fee und Douglas Stuart in *Effektives Bibelstudium. Die Bibel verstehen und auslegen,* Brunnen, Gießen [5]2005) unterscheiden zwischen »Auslegung« oder »Exegese« (vor allem die ersten beiden Schritte von Hays) und »Anwendung« (vor allem die beiden letzten Schritte). Wenn wir die Bibel lesen, verstehen und in die Praxis umsetzen wollen, dann brauchen wir diese zwei, teilweise gar nicht voneinander zu trennenden, Schritte: »verstehen, was die Bibel sagt« und »anwenden, was die Bibel lehrt«.

Für die Auslegung brauchen wir gute Übersetzungen, die uns schon einen Teil der Arbeit abnehmen. Ein gewisses Wissen über die Umstände des Geschriebenen, über die kulturelle Situation, in der etwas geschrieben wurde, und ein allgemeines Wissen über die Bibel und ihre Botschaft helfen, dass wir einzelne Stellen so hören, wie die Autoren sie meinten. Wir sollten uns allerdings vor der Annahme hüten, das gelänge uns unfehlbar. Wenn wir versuchen, die Bibel zu verstehen, hilft Gott uns, steht uns der Heilige Geist zur Seite – und trotzdem ist unser Wissen Stückwerk. Die Bibel ist unfehlbar, nicht unsere Auslegung. Wir hören aufeinander, wir lernen von Bibelauslegern, wir benutzen Kommentare, und so versuchen wir, die Bibel richtig zu hören. Und dann dürfen wir sagen: Meines Erachtens sagt die Bibel folgendes ...

Wir legen zum Beispiel 1. Korinther 11 aus, und versuchen festzustellen, was Paulus den Korinthern in diesem Kapitel sagen wollte. Die meisten Ausleger sind sich hier einig: Paulus lehrte, dass die Frauen mit langem Haar und einer Kopfbedeckung, die Männer dagegen mit kurzem Haar und ohne Kopfbedeckung in der Öffentlichkeit beten und prophezeien sollten. Dann überprüfen wir, ob diese Schlussfolgerung wirklich stimmt. Haben wir Paulus richtig verstanden? Diesen ersten Schritt nennen wir »Auslegung«.

Aber die Ergebnisse unserer Auslegung sagen uns noch nicht automatisch, wie das, was wir verstanden haben, angewendet werden sollte. Dazu brauchen wir den zweiten Schritt. Nur wer behauptet, der gesamte Inhalt der Bibel müsse auf alle Situationen wortwörtlich angewendet werden, meint, die Auslegung genüge. Aber ein zweiter Schritt ist notwendig. Paulus sagte dies zwar den Korinthern, aber die Frage ist: Was sagt *Gott* durch diesen Text zu *uns,* die wir in einer ganz anderen Situation leben? Das ist die Frage der Anwendung.

Wie spricht uns der Text an? – Vier Ansätze

Ohne es kompliziert machen zu wollen, will ich vier Ansätze beschreiben, wie gläubige Menschen mit der Frage der Anwendung umgehen können.

1. Die direkte Anwendung: Wir sollen direkt anwenden, was im Text gelehrt wird – also tun, was befohlen wird, vermeiden, was verboten wird, in Anspruch nehmen, was verheißen wird usw.

2. Das Prinzip neu anwenden: Wir sollen das im Text angewendete Prinzip erkennen und neu in die Praxis umsetzen.

3. Uns in den Text hineindenken: Wir sollen uns und unsere Situation in den Text »hineindenken« und uns vom Text leiten lassen.

4. Hinhören, was der Geist sagt: Wir sollen hinhören, damit der Geist Gottes durch diesen Text auch uns ansprechen kann.

Ich möchte diese vier Verstehens- und Anwendungsweisen ausführlicher beschreiben. Inwiefern können sie uns helfen, Gottes Wort richtig zu verstehen und uns dabei auch als Gemeinde einig zu werden?

1. Die direkte Anwendung

Diesen Ansatz habe ich bereits kurz angesprochen. In der Theorie klingt er irgendwie biblischer, zuverlässiger und einfacher als die anderen: »Immer, oder zumindest im Zweifelsfall, einfach tun, was im Text steht! Das ist bibeltreu.« Das klingt gut. Es funktioniert aber schlecht. Wenn wir diesen Ansatz ernsthaft und konsequent verfolgen wollten, dann müssten wir allerdings sehr viel vom Alten Testament beiseite schieben und Gottes Wegweisungen hauptsächlich im Neuen Testament suchen. (Und, wie wir später noch sehen werden, geraten wir auch im Neuen Testament manchmal in Schwierigkeiten.) Denn wenn wir das Alte Testament wörtlich nehmen und direkt anwenden, dann wäre es uns erlaubt, unsere Töchter in die Sklaverei zu verkaufen und Sabbatbrecher zu steinigen. Es wäre uns verboten, unseren Bart zu rasieren. Wir dürften keine Kleidung anziehen, die aus mehr als einem Material hergestellt wurde, zum Beispiel Baumwolle und Polyester usw.

Manchmal entdecken wir im Neuen Testament, dass einiges aus dem Alten Testament aufgehoben wird (Essensvorschriften, Tieropfervorschriften usw.). Aber es gibt auch viele Beispiele dafür, dass im Neuen Testament nicht aufgehoben wird, was im Alten Testament gelehrt wurde. Also geraten wir in Schwierigkeiten. Wenn wir tatsächlich alles direkt anwenden wollen, dann müssen wir vieles in Frage stellen, was wir tun, oder aber vieles im Alten Testament (eigentlich auch im Neuen!) ausklammern – oder, und das sollten wir meiner Meinung nach auch tun, wir suchen uns zusätzliche Hilfen.

2. Das Prinzip neu anwenden

Die direkte Anwendung eines Bibeltextes ist oft nicht möglich, und häufig wäre sie auch gar nicht richtig. Dann suchen wir nach allgemeinen Prinzipien, die der Text lehrt, und überlegen, wie solch ein Prinzip in unserer Situation angewendet werden sollte. Ein Beispiel:

Wenn wir darauf bestehen, dass jede Aufforderung der Bibel für alle verbindlich ist, dann haben wir natürlich ein Problem, wenn wir den folgenden Vers lesen: »Steh auf, nimm das Kind und seine Mutter, und flieh nach Ägypten; dort bleibe, bis ich dir etwas anderes auftrage« (Matthäus 2,13). Soll ich mich wirklich damit angesprochen fühlen? Soll ich einen Flug nach Kairo buchen? Welches meiner Kinder soll ich mitnehmen? Was ist mit Leuten, die weder Frau noch Kind haben? Solche Menschen *können* diesem Text doch gar nicht gehorchen. Aber das müssen sie auch nicht: Hier spricht ein Engel im Traum zu Josef, und nicht Gott direkt zu mir oder zu Ihnen. Gibt es aber vielleicht Prinzipien, die wir aus diesem Text gewinnen können? Sicher! Zum Beispiel:

a) Es lohnt sich, auf Gottes Wort zu hören, denn dadurch werden wir manchmal vor Gefahren gewarnt und beschützt; oder auch:
b) Gott ist zuverlässig und führt seine Pläne durch; menschliche Versuche, Gottes Pläne zu verhindern, sind vergeblich!

Ein anderes Beispiel: Sehr viel, was Paulus seinem jungen Mitarbeiter im 2. Timotheusbrief schreibt, gilt auch für mich. »Halte dich an die gesunde Lehre ... Bleibe beim Glauben und bei der Liebe (1,13). Bewahre das dir anvertraute kostbare Gut durch die Kraft des Heiligen Geistes, der in uns wohnt (1,14). Sei stark in der Gnade, die dir in Christus Jesus geschenkt ist« (2,1). Der Apostel spricht auch mich an! Aber ich fühle mich weniger angesprochen, wenn er Timotheus schreibt: »Wenn du kommst, bringe den Mantel mit, den ich in Troas bei Karpus gelassen habe, auch die Bücher, vor allem die Pergamente« (4,13). Auch wenn ich eine Wallfahrt nach Troas unternehmen könnte, wären Paulus' Mantel und Bücher sehr wahrscheinlich nicht mehr dort. (Und er braucht sie inzwischen sowieso nicht mehr ...) Ist der Text damit also unwichtig, nur weil wir nicht direkt in die Praxis umsetzen können, was dort steht? Keineswegs. Aus diesem Text können wir lernen:

a) Es ist eine christliche Tugend, uns gegenseitig zu helfen, und es ist auch völlig in Ordnung, um Hilfe zu bitten; oder auch:
b) Gott kümmert sich nicht nur um »geistliche« Angelegenheiten; auch unser leibliches Wohl sowie unsere geistige Nahrung sind ihm wichtig.

Dass wir keine Reise nach Ägypten und Troas machen müssen, um bibeltreu zu sein, ist natürlich allen sonnenklar. Dennoch sagen manche, sobald es um andere Themen geht: »Die geschichtliche Situation eines biblischen Textes ist irrelevant – befiehlt oder verbietet die Bibel etwas, dann gilt das zu jeder Zeit für alle Menschen.« Warum sind dann aber so wenige von ihnen unterwegs nach Ägypten oder Troas?

Fast alle Texte sind *anlassbezogen,* und wenn wir dies in Betracht ziehen, betreiben wir keine »Situationsethik«, sondern wir entdecken zuverlässiger, was ein Text uns sagen will. Das heißt nicht, dass wir den Text immer *anders* anwenden als in der ursprünglichen Situation. Manchmal wenden wir ihn genauso an, wie es damals erwartet wurde. Aber manchmal auch nicht. Es muss also die Frage gestellt werden: Was steckt hinter einer biblischen Aussage, wodurch ist sie motiviert? Und was hat dieser Text in unserer Situation zu sagen? Auch wenn es nicht immer leicht ist, die angemessenen Prinzipien von Bibelstellen zu formulieren, so ist es doch unerlässlich, danach zu suchen. Das führt uns oft zum Ziel eines Textes. Und so ist dieser zweite Ansatz in vielen Fällen ausreichend, um einen Text angemessen anzuwenden. Den Text verstehen, das Prinzip erkennen, fragen, was das für uns bedeutet – und wir haben die Bibel gehört und können ihr gehorchen! Dazu allerdings drei leise Warnungen:

a) Eine Gefahr besteht darin, dass wir Prinzipien entdecken und den Text anschließend beiseite legen. Prinzipien helfen uns, einen Text angemessen anzuwenden. Sie sollen ihn aber nicht ersetzen. Gott hat uns die *Texte* gegeben. Sie bleiben bestehen – die Prinzipien sollen immer wieder neu anhand der Bibel überprüft werden, und in neuen Situationen werden wir weitere Prinzipien entdecken.

b) Eine zweite Gefahr ist, dass wir nicht erkennen, wie subjektiv unsere Suche nach Prinzipien eigentlich sein kann. In der Tat finden wir oft genau die Prinzipien, die wir brauchen, damit der Text nicht unsere vorgefertigten Meinungen in Frage stellt, damit wir unsere Traditionen verteidigen können oder ganz einfach damit wir nicht gegen den Strom unserer Kultur schwimmen müssen. Der Text soll unsere Überzeugungen immer in Frage stellen können, sonst ist die Bibel für uns nicht mehr Maßstab, auch wenn wir das behaupten.

c) Die Suche nach Prinzipien ist wichtig, aber sie garantiert noch keinen Konsens. Wenn wir Texte unterschiedlich interpretieren, dann häufig nicht, weil unsere Auslegungen sich unterscheiden, sondern weil wir verschiedene Prinzipien entdecken. Wenn Paulus über Götzenopferfleisch redet (zum Beispiel in Römer 14,13–23), dann ist das Prinzip nicht all zu schwer zu entdecken: Paulus wollte, dass wir Rücksicht aufeinander nehmen, damit unsere Freiheit nicht zum Problem für andere wird. Dieses Prinzip können wir in vielen Situationen anwenden. Aber was ist das Prinzip hinter seinen Anweisungen in 1. Korinther 11 (dem Text über die Kopfbedeckung der Frau)? Hier ein paar denkbare Alternativen:

- »Unsere Bekleidung soll kulturell angemessen sein, damit wir nicht deswegen auffallen.«
- »Im Gottesdienst sollen Unterschiede zwischen Männer- und Frauenkleidung sichtbar sein, um zu zeigen, dass der Mann das Haupt der Frau ist.«
- »Im Gottesdienst sollen Frauen sich so verhalten und so erscheinen, dass die Engel nicht in Versuchung kommen« (siehe 1. Korinther 11,10).
- »Frauen haben das Recht, im Gottesdienst dieselben Geistesgaben wie Männer zu praktizieren, solange sie nicht versuchen, durch ihre Kleidung ihre Weiblichkeit zu verleugnen.«

Wenn die Prinzipien, die *wir* meinen, entdeckt zu haben, nicht dieselben sind, wie die, die *andere* dort entdecken, dann ist dieser Ansatz nicht gerade ein Geheimrezept für die Konsensbildung in einer Gemeinde. Er hilft uns. Er garantiert aber nicht, dass er alle Probleme in Bezug auf die Anwendung der Bibel löst.

3. Sich in den Text hineindenken

Hier will ich versuchen, den zweiten Punkt (»Das Prinzip neu anwenden«) etwas anders zu formulieren. Manche lesen die Bibel, als sei sie ein Buch voller versteckter Prinzipien, theologischer und ethischer Aussagen. Unsere Aufgabe sei es dann, diese versteckten Lektionen zu finden und thematisch zu sortieren. Das Ergebnis sind dann unsere Theologie, unsere Ethik, unsere Glaubensbekenntnisse usw. Und wenn wir ehrlich sind, spielen sie oft eine größere Rolle in unserem Leben als die Bibel selbst.

Aber die Bibel ist nicht lediglich eine Vorstufe unserer schlauen Theologiebücher. Die Bibel ist in erster Linie nicht einmal ein Theologiebuch. Die Bibel ist eine Geschichte. Sie ist die Geschichte Gottes mit den Menschen (unter anderem). Wir sind Teil dieser Geschichte. Natürlich gibt es viele Lehraussagen, Gebote, Verheißungen usw., aber sie sind in einer Geschichte enthalten.

Wir wollen ja nicht nur Prinzipien aus den Texten herauskitzeln, wir wollen schließlich auch der Einladung folgen und an der allumfassenden Geschichte Gottes mit den Menschen teilhaben. Wenn wir in dieser Geschichte leben, dann erkennen wir mit den anderen Teilnehmern (mit den Propheten, den Israeliten, den Jüngern Jesu, mit Paulus oder den Korinthern), wie Gott ist, wie er mit Menschen umgeht, wie er uns leitet, worin der Ruf in die Nachfolge Jesu besteht.

Es gilt nach wie vor, eine Brücke zu bauen von der damaligen Situation zu unserer heute. Wir überqueren diese Brücke, wenn wir uns in die Geschichte hineinversetzen. Aber die Einsichten müssen immer noch in *unserer* Welt und nicht in *jener* Welt in die Praxis umgesetzt werden.

Die Prinzipien eines Textes müssen nach wie vor erkannt und in unserer Zeit neu angewendet werden. Aber wir versuchen, die Bibel als Geschichte und nicht nur als versteckte Theologie, versteckte ethische Prinzipien usw. zu betrachten. Das ist ein weiterer Schritt vorwärts – wenn er auch nicht automatisch die Umsetzung erleichtert.

4. Hinhören, was der Geist sagt

Dieser Ansatz klingt sehr geistlich. Wer kann schon etwas dagegen sagen! Deswegen will ich voranstellen: Ich glaube, der Heilige Geist führt uns tatsächlich. Manchmal zieht er uns sogar den Boden unter den Füßen weg, zeigt uns Dinge in der Bibel, die wir gar nicht gesucht haben, vielleicht gar nicht sehen wollten.

Aber natürlich stammt nicht alles, was uns beim Bibellesen »einfällt«, vom Geist Gottes. Nicht einmal, wenn wir versuchen, auf Gottes Geist zu hören, ist alles, was uns dann einfällt, auch automatisch das, was Gott uns sagen möchte. Vor allem, wenn *andere* gar nicht erkennen können, dass diese oder jene Einsicht von Gott ist, sollten wir sehr zurückhaltend sein mit der Annahme: Gott hat mir gezeigt, was dieser Text zu sagen hat und wie er in die Praxis umzusetzen ist.

Ohne Frage können wir in unserer Stillen Zeit durch die Bibel eine Begegnung mit Gott erwarten. Aber Vorsicht bei dem Gedanken, dass wir als Einzelne beim persönlichen Warten auf Gottes Führung entscheidende Wegweisungen für die Theologie oder Ethik der ganzen Gemeinde gewinnen würden. Zwar behauptete schon die Urgemeinde: »Der Heilige Geist und wir haben beschlossen ...« (Apostelgeschichte 15,28). Aber das war eben, nachdem sie gemeinsam als Versammlung einen Konsens erreicht hatten. Das ist etwas völlig anderes als die Behauptung eines Einzelnen: »Der Heilige Geist und ich ...«.

Was wir »Gottes Führung« oder die »Stimme des Heiligen Geistes« nennen, ist manchmal in der Tat eine Mischung aus dem, was Gott sagt, und unserer Tradition, unserer Neigung, unseren Wünschen, den Einsichten, die wir meinen, aus dem Text gewonnen zu haben (die wir in Wirklichkeit aber in ihn hineingelesen haben). Ein zuverlässiger Führer sind meine persönlichen Meinungen daher kaum!

Dennoch: Selbst wenn wir diese Meinungen anders nennen, wenn wir nicht von der »Stimme des Heiligen Geistes« reden, sondern »mein Bauchgefühl« oder »mein Eindruck« sagen, spielen sie eine wichtige und manchmal hilfreiche Rolle bei unserem Versuch, der Bibel treu zu sein.

Jeder hat beim Umgang mit biblischen Texten irgendwelche »Bauchgefühle«. Nicht immer können wir genau erklären, warum wir zu bestimmten Überzeugungen gekommen sind, wie ein Text zu verstehen und anzuwenden ist. So durchwachsen diese

Gefühle auch sein mögen, sie können uns durchaus vor Gefahren schützen. Das »Bauchgefühl« eines ernsthaft nach der Wahrheit suchenden Gläubigen ist manchmal zuverlässiger als das logische Denken mancher Theologen.

Angenommen, wir hätten zwei Menschen vor uns: Der eine ein junger Mann, frisch von der Bibelschule, ausgerüstet mit sehr viel Bibelwissen und einer sorgfältig durchdachten systematischen Theologie. Er ist sehr klug, kann logisch denken und überzeugend reden. Der andere ist eine alte Schwester, die nie die Gelegenheit hatte, eine Bibelschule zu besuchen. Vielleicht besuchte sie nur die Grundschule. Sie versteht keine Theorie der Hermeneutik, hatte auch nie ein Fachbuch in der Hand – hat aber eine lebenslange tiefe Beziehung zu Jesus Christus und zu seiner Gemeinde, liebt die Bibel und liest sie regelmäßig.

Nun steht die Gemeinde vor einer schwierigen Entscheidung: Was lehrt die Bibel über eine bestimmte Frage? Beide sind überzeugt. Der junge Mann kann seine Meinung mit kräftigen Argumenten vertreten. Die alte Schwester kann keine stichhaltigen logischen Argumente aufstellen. Aber ihr Bauch fühlt sich sehr unwohl mit der theologischen Richtung, die von ihrem jungen Bruder vorgeschlagen wird.

Auf wessen Meinung sollte die Gemeinde nun hören? Ich würde mindestens genau so viel Vertrauen in das »Bauchgefühl« der lieben alten Schwester wie in die Logik des jungen Bruders setzen. Natürlich brauchen sie einander und auch die Gemeinde braucht beide. Aber es wäre problematisch, wenn dieses unbegründete »Bauchgefühl« in solch einer Auseinandersetzung nicht zählen würde. Der Geist Gottes bringt solche Eindrücke mindestens so oft hervor wie schlaue theologische Argumentationen.

Welcher dieser vier Ansätze ist nun der richtige?

1. Die direkte Anwendung
2. Das Prinzip neu anwenden
3. Sich in den Text hineindenken
4. Hinhören, was der Geist sagt

Alle! Alle vier sind wichtig. Jeder Ansatz kann die Schwächen der anderen korrigieren. Jeder trifft in bestimmten Situationen, bei bestimmten Texten und bestimmten Themen. Wir sind besser dran, wenn wir alle vier Ansätze in Betracht ziehen, als wenn wir uns auf einen beschränken. Und auch wenn ein Konsens in der Gemeinschaft vielleicht schwerer zu erreichen ist, wenn der eine diesen Ansatz bevorzugt und eine andere jenen – ich meine: Die Entscheidungen, die aus solch einem Gespräch heraus entstehen, bleiben vermutlich eher innerhalb biblischer Grenzen, als wenn wir uns nur auf einen Ansatz beschränken würden.

Das setzt freilich voraus, dass jeder bereit ist, auch die Meinungen anderer ernst zu nehmen; dass jeder bereit ist, seine eigene Meinung in Frage stellen zu lassen; und dass jeder bereit ist, sich einem breiten Konsens anzuschließen. Das gelingt uns durch intensives Betrachten der Bibel und ein genauso intensives und offenes Gespräch über die Praxis.

Gott gebe uns viel Geduld miteinander, viel Freude am Bibelstudium und eine extra Portion Bereitschaft, gemeinsame Wege zu suchen! Und wenn wir am Ende solcher Prozesse Entscheidungen treffen, dann sollten wir das auch gebührend feiern! In zehn Jahren können wir das Thema ja wieder aufgreifen und fragen: »Sehen wir es noch so wie damals? Oder gibt es neue Erkenntnisse, die in eine andere Richtung deuten? Hat sich unsere Situation inzwischen geändert, in der Gottes unfehlbares und gleichbleibendes Wort gelebt sein will?«

* * *

Lust auf mehr
aus dem Neufeld Verlag?

TIMOTHY J. GEDDERT

Verantwortlich leben

Wenn Christen sich entscheiden müssen

Mit einem Vorwort von Peter Strauch

Broschur | 13,5 x 21 cm | 217 Seiten | [2]2007

ISBN 978-3-937896-49-6 | Best.-Nr. 588.649

EUR [D] 12,90 | sFr 23,90 | EUR [A] 13,30

RUDOLF WESTERHEIDE

Die Bibel

7 Gründe, warum ich sie lese

Broschur | 10,5 x 16,5 cm | 79 Seiten | 2006

ISBN 978-3-937896-32-8 | Best.-Nr. 588.632

EUR [D] 5,90 | sFr 11,50 | EUR [A] 6,10

BERNHARD OTT

Die Kirche

7 Gründe, warum ich sie liebe

Broschur | 10,5 x 16,5 cm | 79 Seiten | 2007

ISBN 978-3-937896-34-2 | Best.-Nr. 588.634

EUR [D] 5,90 | sFr 11,50 | EUR [A] 6,10

NEUFELD VERLAG